LE GRAND GRIMOIRE.

OU

DRAGON ROUGE.

ÉDITIONS EB BUSSIÈRE

"LES GREMOIRES DE MAGIE"

DIVERS TEXTES ET MANUSCRITS PRATIQUES DE MAGIE ET D'OCCULTISME, INTROUVABLES POUR CERTAINS OU POUR D'AUTRES REMANIÉS ET DONT SEULS **LES INITIÉS** JUSQU'À MAINTENANT AVAIENT CONNAISSANCE, ONT TRAVERSÉ LES SIÈCLES. DANS UN SOUCI DE RIGUEUR, LES EDITIONS BUSSIÈRE ONT DÉCIDÉ DE RENDRE DISPONIBLES CES OUVRAGES À TOUS, **EN TIRAGE LIMITÉ**, AFIN QUE LE LECTEUR SOIT À MÊME D'Y PUISER, À LEUR SOURCE **AUTHENTIQUE**, LES ENSEIGNEMENTS PRATIQUES QUI SONT À L'ORIGINE DE L'ÉSOTÉRISME PASSÉ ET PRÉSENT.

TITRES DISPONIBLES

LE DRAGON ROUGE OU GRAND GRIMOIRE

LA POULE NOIRE

LES CLAVICULES DE SALOMON

LE VIEILLARD DES PYRAMIDES

LES OEUVRES MAGIQUES
DE
PIERRE-CORNELIUS AGRIPPA

(Dir. de coll. D. Labays)

LE GRAND GRIMOIRE.

OU

DRAGON ROUGE.

L'ART DE COMMANDER
LES
ESPRITS CELESTES,
AÉRIENS, TERRESTES, INFERNAUX,

AVEC LE VRAI SECRET
De faire parler les Morts, de gagner toutes les fois qu'on met aux loteries, de découvrir les trésors cachés, etc.

Avec l'aimable autorisation de la Bibliothèque Nationale

Editions Bussière, Paris, 1997

ISBN 978 2 85090 160 7

PRELUDE

L'Homme qui gémit sous le poids accablant des préjugés de la présomption, aura peine à se persuader qu'il m'ait été possible de renfermer dans un si petit recueil l'essence de plus de vingt volumes, qui, par leurs dits, redits et ambigüités, rendaient l'accès des opérations philosophiques presque impraticable; mais que l'incrédule et le prévenu se donnent la peine de suivre pas à pas la route que je leur trace, et ils verront la vérité bannir de leur esprit la crainte que peut avoir occasionnée un tas d'essais sans fruits, étant faits hors de saison ou sur indices imparfaits.

C'est encore en vain qu'on croit qu'il n'est pas possible de faire de semblables opérations sans engager sa conscience; il ne faut, pour être convaincu du contraire, que jeter un clin d'oeil sur la vie de *Saint Cyprien.*

J'ose me flatter que les savants attachés aux mystères de la science Divine, surnommée occulte, regarderont ce livre comme le plus précieux de l'univers.

LE GRAND GRIMOIRE OU DRAGON ROUGE

CHAPITRE PREMIER

Ce grand livre est si rare, si recherché dans nos contrées, que, pour sa rareté, on le peut appeler d'après les rabbins, le véritable GRAND OEUVRE, et c'est eux qui nous ont laissé ce précieux original que tant de charlatans ont voulu contrefaire inutilement en voulant imiter le véritable, qu'ils n'ont jamais trouvé, pour pouvoir attraper de l'argent des simples qui s'adressent au premier venu sans rechercher la véritable source. On a copié celui-ci d'après les véritables écrits de Salomon, que l'on a trouvé, par un pur effet du hasard, ce grand roi ayant passé tous les jours de sa vie dans les recherches les plus pénibles et dans les secrets les plus obscurs et les plus inespérés; mais enfin il a réussi dans toutes ses entreprises, et il est venu à bout de pénétrer jusqu'à la demeure la plus reculée des esprits, qu'il a tous fixés et forcés de lui obéir, par la puissance de son *Talisman* ou *Clavicule*; car quel autre homme que ce puissant génie aurait eu la hardiesse de mettre au jour les foudroyantes aproies dont Dieu se servit pour consterner et faire obéir les esprits rebelles à sa volonté; ayant pénétré jusqu'aux voûtes célestes pour approfondir les secrets et les puissantes paroles qui font toute la force d'un Dieu terrible et respectable, il a, ce grand roi, pris l'essence de ces réservés secrets, dont s'est servi la grande divinité, puisqu'il nous a découvert les influences des astres, la constellation des planètes, et la manière de faire paraître toutes sortes d'esprits, en récitant les grandes appellations que vous trouverez ci-après, dans ce livre, de même que la véritable composition de la verge foudroyante, et les effets qui font trembler les esprits, et dont Dieu s'est servi pour armer son ange qui chassa Adam et Eve du paradis terrestre, et de laquelle Dieu frappa les anges rebelles, précipitant leur orgueil dans ces abîmes épouvantables par la Force de cette verge qui forme des nuées, qui disperse et brise les orages et les ouragans et les fait tomber surquelle partie de la terre que vous voulez.

Voici donc, ci-après, les véritables paroles sorties de sa bouche que j'ai suivies de point en point, et dont j'ai eu tout l'agrément et toute la satisfaction possible, puisque j'ai eu le bonheur de réussir dans toutes mes entreprises.

Signé Antonio Venitiana,
del Rabbina.

CHAPITRE II

O HOMMES ! faibles mortels ! tremblez de votre témérité, lorsque vous pensez aveuglément de posséder une science assez profonde.

Portez votre esprit au-delà de votre sphère, et apprenez de ma part qu'avant de rien entreprendre, il faut être ferme et inébranlable, et très attentif à observer exactement de point en point tout ce que je vous dis, sans quoi tout tournera à votre désavantage, confusion et perte totale; et si au contraire vous observez exactement ce que je vous dis, vous sortirez de votre bassesse et de votre indigence, ayant pleine victoire dans toutes vos entreprises.

Armez-vous donc d'intrépidité, de prudence, de sagesse et de vertu pour pouvoir entreprendre ce grand et immense ouvrage, dans lequel j'ai passé soixante-sept ans, travaillant jour et nuit pour arriver à la réussite de ce grand but; il faut donc faire exactement tout ce qui est indiqué ci-après.

Prions.

Vous passerez un quart de lune entier sans fréquenter aucune compagnie de femmes ni de filles afin de ne pas tomber dans l'impureté.

Ensuite vous commencerez votre quart de lune, dans le moment que le quartier commencera, promettant au grand *Adonay*, qui est le chef de tous les esprits, de ne faire que deux repas par jour, ou toutes les vingt-quatre heures dudit quart de lune, lequel vous prendrez à midi ou à minuit, ou, si vous aimez mieux, à sept heures du matin et à sept heures du soir, en faisant la prière ci-après, avant que de prendre vos repas, pendant tout ledit quartier.

PRIERE.

Je t'implore, grand et puissant Adonay, maître de tous les esprits, je t'implore, ô Eloïme. Je t'implore O Jehovam. O grand Adonay ! je te donne mon âme, mon coeur, mes entrailles, mes mains, mes soupirs et mon être : O grand Adonay, daigne m'être favorable.

Ainsi soit-il. Amen

Prenez ensuite votre repas, et ne vous déshabillez ni ne dormez que le moins qu'il vous sera possible pendant tout ledit quartier de lune, pensant continuellement à votre ouvrage, et fondant toute votre espérance dans l'infinie bonté du grand Adonay ; après quoi le lendemain de la première nuit du quart de lune, vous irez chez un droguiste pour acheter une pierre sanguine dite *émaille,* que vous porterez continuellement avec vous, crainte d'accident, attendu que dès lors l'esprit que vous avez en vue de forcer et de contraindre fait tout ce qu'il peut pour vous dégoûter par la crainte, pour faire échouer votre entreprise croyant, par cette voie, se dégager des filets que vous commencez à lui tendre : il faut observer qu'il ne faut être qu'un ou trois, y compris le *Karcist,* qui est celui qui doit parler à l'esprit, tenant en main *la verge foudroyante* ; vous aurez soin de choisir pour l'endroit de l'action un lieu solitaire et écarté du monde, afin que le *Karcist* ne soit pas interrompu; après quoi, vous achèterez un jeune chevreau vierge, que vous décorerez le troisième jour de lune, d'une guirlande de verveine, que vous attacherez à son cou, au-dessous de sa tête, avec un ruban vert; ensuite vous le transporterez à l'endroit marqué pour l'apparition, et là, le bras droit nu jusqu'à l'épaule, armé d'une lame de pur acier, le feu étant allumé avec du bois blanc, vous direz les paroles suivantes avec espérance et fermeté :

Première Offrande

Je t'offre cette victime, ô grand Adonay, Eloïm, Ariel et Jehovam, et ce la à l'honneur, gloire et puissance de ton être supérieur à tous les esprits; daigne, ô grand Adonay ! le prendre pour agréable. Amen.

Ensuite vous égorgerez le chevreau, et mettrez le reste dessus le feu pour y être réduit en cendres que vous ramasserez et les jetterez du côté du soleil levant, en disant les paroles suivantes : C'est pour l'honneur, gloire et puissance de ton nom, ô grand Adonay, Eloïm, Ariel et Jehovam ! que je répends le sang de cette victime; daigne, ô grand Adonay! recevoir ces cendres pour agréables.

Pendant que la victime brûle, vous pouvez vous réjouir en l'honneur et gloire du grand Adonay, Eloïm, Ariel et Jéhovam, ayant soin de conserver la peau de chevreau vierge, pour former le rond ou le grand *cercle cabalistique,* dans lequel vous vous mettrez le jour de la grande entreprise.

CHAPITRE III

Contenant la véritable composition de la baguette mystérieuse, ou Verge foudroyante.

La veille de la grande entreprise, vous irez chercher une baguette ou verge de noisetier sauvage, qui n'ait jamais porté, ladite baguette devant faire fourche en haut, c'est-à-dire du côté des deux bouts; sa longueur doit être de dix-neuf pouces et demi; après que vous aurez trouvé une baguette de même forme, vous ne la toucherez que des yeux, attendant jusqu'au lendemain, jour de l'action, que vous irez la couper positivement au lever du soleil, et alors vous la dépouillerez de ses feuilles et petitres branches, si elle en a, avec la même lame d'acier qui a servi à égorger la victime, qui sera encore teinte de son sang, attendu que vous devez faire attention de ne point essuyer ladite lame, en commençant à la couper quand le soleil commençera à paraître sur cet hémisphère en prononçant les paroles suivantes :

Je te recommande, ô grand Adonay, Eloïm, Ariel, et Jehovam, de m'être favorable, et de donner à cette baguette que je coupe, la force et la vertu de celle de Jacob, de celle de Moïse et de celle du grand Josué; je te recommande aussi, ô grand Adonay, Eloïm, Ariel et Jehovam ! de renfermer dans cette baguette toute la force de Samson, la juste colère d'Emmanuel et les foudres du grand *Zariatnamik,* qui vengera les injures des hommes au grand jour du jugement. *Amen.*

Après avoir prononcé ces grandes et terribles paroles, et ayant toujours la vue du côté du soleil levant, vous acheverez de couper votre baguette, et l'emporterez dans votre chambre; ensuite vous chercherez un morceau de bois, que vous rendrez de même grosseur que les deux bouts de la véritable, que vous porterez chez un serrurier pour faire ferrer les deux petites branches fourchues avec la lame d'acier qui a servi à égorger la victime, faisant bien attention que les deux bouts soient un peu aigus lorsqu'ils seront posés sur le morceau de bois. Le tout étant ainsi éxécuté, vous retournerez à la maison et mettrez ladite ferrure vous-même à la véritable baguette ; vous prendrez ensuite une pierre d'aimant que vous ferez chauffer pour aimanter les deux pointes de votre baguette, en prononçant les paroles suivantes :

Par la puissance du grand Adonay, Eloïm, Ariel et Jehovam, je te commande d'unir et d'attirer toutes les matières que je voudrai : par la puissance du grand Adonay, Eloïm, Ariel et Jehovam, je te commande, par l'incompatibilité du feu et de l'eau, de séparer toutes les matières comme elles furent séparées le jour de la création du monde *Amen*

Ensuite vous vous réjouirez en l'honneur et gloire du grand Adonay, étant sûr que vous possédez le plus grand trésor de lumière : le soir ensuite, vous prendrez votre baguette, votre peau de chevreau, votre pierre ématille et deux couronnes de verveine, de même que deux chandeliers et deux cierges de cire vierge, bénits et faits par une fille vierge. Vous prendrez aussi un batte-feu neuf, deux pierres neuves avec de l'amadou pour allumer votre feu, de même qu'une demi-bouteille d'esprit de brandevin, avec du camphre, aussi bien que quatre clous qui aient servi à la bière d'un enfant mort, et ensuite vous vous transporterez à l'endroit où doit se faire le grand oeuvre, et ferez exactement ce qui suit, en imitant de point en point le grand cercle cabalistique, tel qu'il est démontré ci-après.

CHAPITRE IV

Contenant la véritable représentation du grand cercle cabalistique.

Vous commencerez par former un cercle avec la peau du chevreau, tel qu'il est indiqué ci-devant, que vous clouerez avec quatre clous; vous prendrez ensuite votre pierre ématille et tracerez un triangle au-dedans du cercle, tel qu'il est représenté, en commençant du côté du soleil levant ; vous tracerez aussi avec la pierre ématille le grand A, le petit E, le petit A, de même que le saint nom de Jésus au milieu de deux croix (✠JHS✠), afin que les esprits ne puissent rien par derrière; après quoi Karcist fera entrer ses confrères dans le triangle à leur place, telle qu'elle est marquée, y entrera lui-même sans s'épouvanter, quel bruit qu'il entende, plaçant les deux chandeliers et les deux couronnes de verveine à la droite et à la gauche du triangle intérieur : cela fait, vous commencerez à allumer vos deux cierges et aurez un vase neuf devant vous, c'est-à-dire devant le Karcist, rempli de charbon de bois de saule, que l'on aura fait brûler le même jour que le Karcist allumera, y jetant une partie de l'esprit de brandevin, et une partie de l'encens et du camphre que vous avez, réservant le reste pour entretenir un feu continuel, convenablement à la durée de la chose. Tout ce qui est marqué ci-dessus étant fait exactement, vous prononcerez les paroles suivantes :

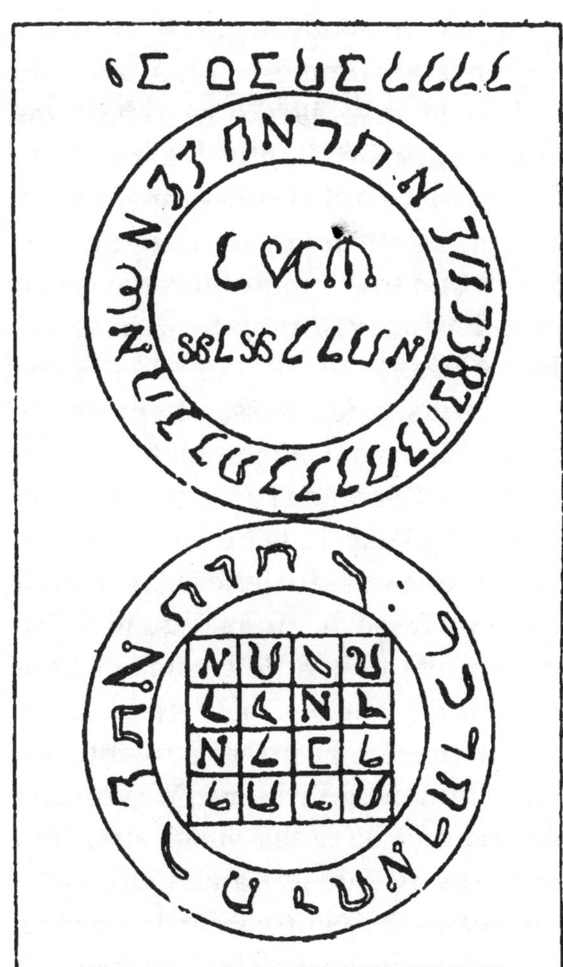

Je te présente, ô grand Adonay ! cet encens comme le plus pur : de même je te présente ces charbons comme sortant du plus léger bois. Je l'offre au grand et puissant Adonay, Eloïm, Ariel et Jehovam, de toute mon âme et de tout mon coeur; daigne, ô grand Adonay ! le prendre pour agréable. *Amen.*

Vous ferez aussi attention de n'avoir sur vous aucun métal impur, sinon de l'or ou de l'argent pour jeter la pièce à l'esprit, la ployant dans un papier que vous lui jetterez, afin qu'il ne vous fasse aucun mal quand il se présentera devant le cercle : et pendant qu'il ramassera la pièce, vous commencerez la prière suivante, en vous armant de courage, de force et de prudence; faites aussi attention qu'il n'y ait que le Karcist qui parle, les autres doivent garder le silence, quand même l'esprit les interrogerait, les menacerait.

Première Prière

O grand Dieu vivant ! en une seule et même personne, le Père, le Fils et le Saint-Esprit, je vous adore avec le plus profond respect, et me soumets sous votre sainte et digne garde avec la plus vive confiance : je crois, avec la plus sincère foi, mon bienfaiteur, mon soutien et mon maître, et je vous déclare n'avoir d'autres volontés que celle de vous appartenir pendant toute l'éternité. Ainsi soit-il.

Seconde Prière

O grand Dieu vivant ! qui as créé l'homme pour être bienheureux dans cette vie, qui as formé toutes choses pour ses besoins, et qui as dit : Tout sera soumis à l'homme, sois-moi favorable, et ne permets pas que des esprits rebelles possèdent des trésors qui ont été formés pour nos besoins temporels. Donne moi, ô grand Dieu! la puissance d'en disposer par les puissantes et terribles paroles de ta clavicule - Adonay, Eloïm, Ariel, Jehovam : Tagla, Mathon, soyez-moi favorables. *Amen.*

Vous aurez soin d'entretenir votre feu avec de l'esprit de brandevin, l'encens et le camphre, et direz ensuite la prière de l'offrande comme suit

OFFRANDE

Je t'offre cet encens comme le plus dur que j'aie pu trouver, ô grand Adonay, Eloïm, Ariel et Jehovam ! daigne le prendre pour agréable; ô grand Adonay ! sois-moi favorable par ta puissance, et fais-moi réussir dans cette grande entreprise.

Amen.

PREMIERE APPELLATION
A
L'EMPEREUR LUCIFER

Empereur Lucifer, prince et maître des esprits rebelles, je te prie de quitter ta demeure dans quelque partie du monde quelle puisse être, pour venir me parler; je te commande et conjure, de la part du grand Dieu vivant, le Père, le Fils et le St-Esprit, de venir sans faire aucune mauvaise odeur, pour me répondre à haute et intelligible voix, article, par article, sur ce que je te demanderai, sans quoi tu y seras contraint par la puissance du grand Adonay, Eloïm, Ariel, Jehovam, Tagla, Mathon et de tous les autres esprits supérieurs qui t'y contraindront malgré toi.

Venite. Venite.

Submirilicor LUCIFUGE, ou tu vas être tourmenté éternellement par la grande force de cette baguette foudroyante. *In subito.*

SECONDE APPELATION

Je te commande et conjure, empereur Lucifer, de la part du grand Dieu vivant, et par la puissance d'Emmanuel, son fils unique, ton maître et le mien, et par la vertu de son sang précieux, qu'il a répandu pour arracher les hommes de tes chaînes; je t'ordonne de quitter ta demeure, dans quelque partie du monde qu'elle soit, jurant que je ne te donne qu'un quart d'heure de repos, si tu ne viens me parler au plutôt à haute et intelligible voix; ou si tu ne peux venir toi-même, m'envoyer ton messager Astarot en signe humain, sans bruit et mauvaise odeur, sans quoi je vais frapper, toi et toute ta race, de la redoutable baguette foudroyante jusqu'au fond des abîmes, et ce, par la puissance de ces grandes paroles de la clavicule : *Par Adonay, Eloïm, Ariel, Jehovam, Tagla, Mathon, Almousin, Arios, Pythona, Magots, Silphoe, Cabost, Salamandroe, Gnomus, Terrae, Coelis, Rodens, Aqua.* In subito.

AVERTISSEMENT

Avant que de lire la troisième appellation, si l'esprit ne comparaît pas, vous lirez la clavicule telle qu'elle est ci-après, et frapperez tous les esprits en mettant les deux bouts fourchus de votre baguette dans le feu, et dans ce moment ne vous épouvantez pas des hurlements effroyables que vous entendrez; car pour lors tous les esprits paraîtront, Alors avant que de lire la clavicule, pendant le bruit que vous entendrez, vous direz encore la troisième appellation.

TROISIEME APPELATION

Je t'ordonne, cher Lucifer, de la part du grand Dieu vivant, de son cher fils et du St-Esprit, et par la puissance du grand Adonay, Eloïm, Ariel, et Jehovam, de comparaître, dans la minute ou de m'envoyer ton messager Astarot, t'obligeant de quitter ta demeure dans quelle partie du monde qu'elle soit, te déclarant que si tu ne parais pas dans ce moment, je vais te frapper derechef, toi et toute ta race, avec la baguette foudroyante du grand Adonay, Eloim, Ariel et Jehovam.

Si l'esprit ne parait pas jusqu'ici, mettez encore les deux bouts de votre baguette au feu, et lisez les puissantes paroles ci après de la grande clavicule de Salomon.

GRANDE APELLATION
Tirée de la véritable Clavicule.

Je te conjure, ô esprit ! de paraître dans la minute, par la force du grand Adonay, par Eloim, par Ariel et Jehovam, par Agla, Tagla, Mathon, Carios, Almousin, Arios, Membrot, Varios, Pithona, Magot, Silphae, Cabost, Salamandrae, Tabots Gnomus, Terrae, Coelis, Godens, Guingua Juana, Etituamus, Zariatnatmik, etc. A.. E.. A.. J.. A,. S.. M.. O.. A.. A.. M.. V.. P.. M.. S,, C.. S.. Q,. G.. D.. C.. G.. A.. G.. J.. E.. Z.. etc.

Après avoir répété deux fois ces grandes et terribles paroles, vous êtes sûr que l'esprit paraitra comme suit :

De l'apparition de l'esprit.

Me voici. Que me demandes-tu? Pourquoi troubles-tu mon repos ? Ne me frappes plus de cette terrible baguette.

LUCIFURGE ROFOCALE

Demande à l'Esprit

Si tu eusses paru quand je t'ai appelé, je ne t'aurais point frappé. En ce que si tu ne m'accordes à l'instant ce que je te vais demander, je te tourmenterai éternellement.

Salomon

Réponse de l'Esprit

Ne m'amuse point ici et ne me tourmente plus, dis-moi au plus tôt ce que tu me demandes.

LUCIFUGE ROFOCALE

Demande à l'Esprit

Je te demande que tu me viennes

parler deux fois tous les jours de la semaine, pendant la nuit, à moi ou à ceux qui auront mon présent livre, que tu approuveras et signeras, te laissant la volonté de choisir les heures qui te conviendront, si tu n'approuves pas celles qui sont marquées ci-dessous.

Savoir:

Le lundi à neuf heures et à minuit.

Le mardi, à dix heures et à une heure.

Le mercredi, à onze heures et à deux heures.

Le jeudi, à huit heures et à dix heures.

Le vendredi, à sept heures du soir et à minuit.

Le samedi, à neuf heures du soir et à onze heures.

De plus, je te commande de me livrer le trésor le plus près d'ici, te promettant pour récompense la première pièce d'or que je toucherai tous les premiers jours de chaque mois : voilà ce que je te demande.

SALOMON.

Réponse de l'Esprit.

Je ne puis t'accorder ce que tu me demandes sous ces conditions ni sous aucune autre, si tu ne te donnes à moi dans cinquante ans, pour faire de ton corps et de ton âme ce qu'il me plaira.

LUCIFUGE ROFOCALE.

AVERTISSEMENT.

Vous remettrez ici le bout de la baguette foudroyante au feu, et relirez la grande appellation de la clavicule, jusqu'à ce que l'esprit se soumette à vos désirs.

Réponse et convention de l'Esprit.

Ne me frappe pas davantage, je te promets de faire tout ce que tu voudras, deux heures de nuit de chaque jour de la semaine.

Savoir:

Le lundi à neuf heures et à minuit.

Le mardi, à dix heures et à une heure.

Le mercredi, à onze heures et à deux heures.

Le jeudi, à huit heures et à dix heures.

Le vendredi, à sept heures du soir et à minuit.

Le samedi, à neuf heures du soir et à onze heures.

J'approuve aussi ton livre, et te donne ma véritable signature en parchemin, que tu y attacheras à la fin, pour t'en servir au besoin, me soumet-

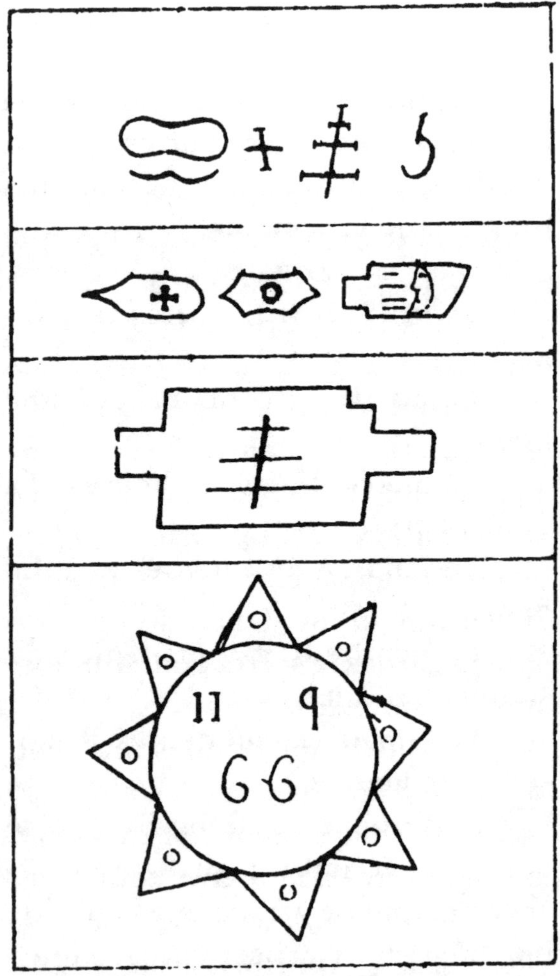

tant aussi d'y comparaître devant toi toutes les fois que j'y serai appelé lorsque tu ouvriras le livre; que tu seras purifié, que tu auras la terrible baguette foudroyante, et que tu auras composé le grand cercle cabalistique, tel que tu prononceras le mot ROFOCALE; te promettant de comparaître et traiter à l'amiable avec ceux qui seront munis dudit livre, où est ma signature véritable, pourvu qu'ils m'appellent en règle, la première fois qu'ils auront besoin de moi.

Je m'engage aussi à te livrer le trésor que tu me demandes, pourvu que tu gardes le secret pour toujours, que tu sois charitable envers les pauvres, et que tu me donnes une pièce d'or ou d'argent tous les premiers jours de chaque mois; si tu y manques, tu seras à moi pour toujours.

LUCIFUGE ROCOFALE

Approuvé.

REPONSE A L'ESPRIT

J'acquiesce à ta demande

SALOMON.

CENTUM REGNUM

CHIAMTA DI LUCIFERO

LUCIFER, OUIA, KAMERON,
ALISCOR, MANDESUMINI,
POEMI, ORIEL, MAGREUSE,
PARINOSCON, ESTIO,
DUMOGON, DIVORCON,
CASMIEL, HUGRAS, FABIL,
VONTON, ULISODIERNO, PETAN!

Venite, Lucifer. *Amen.*

PROMESSE DE L'ESPRIT.

Capo Primo.

Io Lucifero Imperatore potentissimo, supremo ed in lipendente, libero ed assoluto padrone di tutto il Regno sotterraneau, dispotico Signor in tutte le mie giuiridizioni, formidabile, terribile, nobilisimo, al cui impero tutto regolatissimo si muove e governa arbitro di tutte le fortune, di tutte le sciagure sapeinte e sagace, et fornito d'ognipi sublime luminoso carattere, Dominatore dell'Europa e di tutte le sciagure ed Asia in particolare.

Capo Secondo

Prometto e giuro al nome di Dio

da viveti obbedienza, prontezza e sommissione al padrone di questo libro firmato e giurato al nome sudetto, e dei miei suddetti, caratteri, ed in virtù di tal giuramento e sottosignazione, giuro d'aderire a tutto quello che più sarà in piacere del padrone di questo libro.

Capo Terzo

Più, prometto e giuro per parte dei miei sudditi l'istesso; Onde al solo leggere che si fara della mia chiamata al capo primo di questo libro, di comparir subito, senza strepito, rumore o qualsiasi altro chiazzo che possa offendere, o intimorire il padrone di questo libro, rispondendo giustamente con chiarezza, senza anfibologia alle sue interrogazioni, ed eseguendo pure quanto mi verra comandato, con tutta réalta, e sincerita, senza che debbono precedere profiumi o altre invocazioni, magiche azioni, circoli, o ceremonie, ma pensi instantamente essermi pronto eseguitore de' suoi comandi.

Capo Quarto

Senza che in tali occasioni mai offenda le compagnie, o altre cose del mondo, è compito il mio servizio di subitamente partire senza strepido alcuno.

Capo Quinto

Più, prometto e giuro nella forma predetta, sua universalissima servitù di tutti i miei sudditi al padrone di questo libro senza diferenza alcuna di dignità od altre ragioni, ma ogni qual volta, tempo, stagione, anno, mese, settimana, giorno, ora, quarto ed instante che sara lettra la mia chiamata, di comparire in forma di bel giovine, e di somministrali qualsisia de' miei sudditi in servizio al padrone di questo libro, e di non partire se prima non sarà licenziato colla semplice formola o da me, o dagli altri.

Capo Sesto

Più, prometto e giuro per me e tutti gli altri al nome di Dio e dei nostri misteriosi caratteri, segretezza, fedeltà inviolabile, senza ponto mai contravvenire al mio giuramento e promessa.

Capo Settimo

Più, prometto e giuro io in particolare per tutti i miei sudditi di proteggere e di difendere il padrone di questo libro di tutte le fragure, pericoli, ed altre naturali ed accidentali vicende, ed in caso, perqualunque suo bisogno sarà chiamato, di assisterlo, e provederlo di tutto il bisogno, abenchè non sii notato in questo libro.

Modo di licenziare

Ite in pace a loco vestro et pax sit inter vos redituri ad me cum vos invocavero, in nomine Patris, et Filii et Spiritus Sancti.
Amen.

Ordre de l'Esprit.

Suis-moi et viens reconnaître le trésor.

Alors le Karcist, armé de la baguette foudroyante et de la pierre ématille, sortira du cercle par l'endroit où est indiquée la route du trésor, qui est la porte du grand Adonay, et suivra l'esprit; les autres ne bougeront absolument point du cercle, mais y resteront fermes et inébranlables, quelques bruits qu'ils entendent et quelques visions qu'ils voient : l'esprit conduira alors le Karcist jusqu'à l'entrée du trésor : et il se pourra qu'alors le Karcist voie comme un grand chien cotonné qui en fermera l'entrée, avec un collier reluisant comme le soleil, ce qui sera un Gnome qu'il écartera en lui présentant le bout de sa baguette, lequel marchera vers le trésor, et arrivant auprès du trésor, il sera surpris d'y voir la personne qui l'aura caché, qui voudra se jeter sur lui, mais elle ne pourra absolument pas l'approcher : le Karcist sera aussi pourvu d'un morceau de parchemin vierge, où sera écrite la grande conjuration de la clavicule, qu'il jettera sur le trésor en prenant en même temps une pièce pour gage et reconnaissance, et en jetant d'abord une pièce de son argent, qu'il aura mordue; après quoi il se retirera à reculons, emportant ce qu'il pourra du trésor, le reste ne pouvant pas lui échapper par les précautions prises ci-devant, faisant attention de ne point tourner, quelque bruit qu'il entende; car dans ce moment il lui semblera que toutes les montagnes du monde se renverseront sur lui; il faut pour lors s'armer d'intrépidité, ne point s'épouvanter et tenir ferme : faisant cela, l'esprit le reconduira jusqu'à l'entrée du cercle. Alors le Karcist commencera à lire le renvoi de l'esprit tel qu'il est ci-après.

CONJURATION
et renvoi de l'esprit.

O prince Lucifer ! je suis content de toi pour le présent; je te laisse en repos et te permets de te retirer où bon te semblera, sans faire aucun bruit ni laisser aucune mauvaise odeur. Pense aussi à ton engagement, car si tu y manques d'un instant, tu peux être sûr que je te frapperai éternellement avec la baguette foudroyante du grand Adonay, Eloïm, Ariel et Jehovam. Amen.

Actions de grâces.

O grand Dieu ! qui as créé toutes choses pour le service et l'utilité de l'homme, nous te rendons de très-humbles actions de grâces de ce que, par ta grande bonté, tu nous as comblés cette nuit de tes précieuses faveurs, et de ce que tu nous as accordé tout ce que nous désirons : c'est à présent, ô grand Dieu ! que nous avons connu toute la force de tes grandes promesses, lorsque tu nous as dit : cherchez et vous trouverez, frappez et l'on vous ouvrira ; et comme tu nous as ordonné et recommandé de soulager les pauvres, nous te promettons, à la face du grand Adonay, d'Eloïm, d'Ariel et de Jehovam, d'être charitables et de répandre sur eux les rayons du soleil, dont ces quatre puissantes divinités viennent de nous combler.

Ainsi soit-il.

VALE.

SECOND LIVRE,

Contenant le véritable

SANCTUM REGNUM

DE LA CLAVICULE,

Ou la véritable manière de faire les pactes,

Avec les noms, puissances et talents de tous les grands Esprits supérieurs, comme aussi la manière de les faire paraître par la force de la grande appellation du chapitre des pactes de la grande Clavicule, qui les force d'obéir à quelque opération que l'on souhaite.

LE

SANCTUM REGNUM,

Ou la véritable manière de faire des Pactes *avec quelques esprits que ce soit, sans qu'ils vous puissent faire aucun tort.*

Le véritable *sanctum regnum* de la grande Clavicule, autrement dit le *pacta conventa doemoniorum* dont on parle depuis si longtemps, est une chose fort nécessaire à établir ici pour l'intelligence de ceux qui, voulant forcer les esprits, n'ont point de qualité requise pour composer la verge foudroyante et le cercle cabalistique dont il est parlé dans le livre précédent. Ils ne peuvent, dis-je, venir à bout de forcer aucun esprit de paraître, s'ils n'éxécutent de point en point tout ce qui est décrit ci-après, touchant la manière de faire des pactes avec quelque esprit que ce puisse être, soit pour avoir des trésors, soit pour avoir la jouissance des femmes et des filles, et en avoir telle faveur que l'on souhaite, soit pour découvrir les secrets les plus cachés dans toutes les cours et dans tous les cabinets du monde, soit de dévoiler les plus impénétrables secrets, soit pour faire travailler un esprit pendant la nuit à son ouvrage, soit pour faire tomber une grêle ou la tempête partout où l'on souhaite, soit pour vous rendre invisible, soit pour se faire transporter partout où l'on veut, soit d'ouvrir toutes les serrures, de voir tout ce qui se passe dans les maisons, et d'apprendre tous les tours et finesses des bergers, soit pour acquérir la main de gloire et pour connaître les qualités et les vertus des métaux et des minéraux, des végétaux et de tous les animaux purs et impurs, et pour faire des choses si surprenantes, qu'il n'y a aucun homme qui ne soit dans la dernière surprise de voir que par le moyen de faire pacte avec quelques esprits, l'on puisse découvrir les plus grands secrets de la nature, qui sont cachés aux yeux de tous les autres hommes. C'est par le moyen de la grande Clavicule du grand roi Salomon, que l'on a découvert la véritable manière de faire les pactes dont il s'est servi lui-même pour acquérir tant de richesses, pour avoir la jouissance de tant de femmes et pour connaître les plus impénétrables secrets de la nature, par lesquels on peut faire toute sorte de bien et toute sorte de mal.

Enfin, nous commencerons par décrire les noms des principaux esprits avec leur puissance et pouvoir, et ensuite nous expliquerons le *pacta doemoniorum,* ou la véritable manière de faire les pactes avec quelques esprits que ce soit. Voici ci-dessous les noms et signes des principaux esprits infernaux par ordre de puissance.

LUCIFER
Empereur

BELZEBUT
Prince

ASTAROT
Grand-Duc

Ensuite viennent les esprits supérieurs qui sont subordonnés aux trois nommés ci-devant :

LUCIFUGE
Premier ministre

SATANACHIA
Grand général

FLEURETY
Lieutenant-Général

NEBIROS
Maréchal-de-camp

Hormis lucifer, Les six grands esprits que je viens de nommer ci-devant, dirigent, par leur pouvoir, toute la puissance infernale qui est donnée aux autres esprits qui leur sont subordonnés.

Savoir:

1 Baël	10 Bathim
2 Agares	11 Pursan
3 Marbas	12 Abigar
4 Pruslas	13 Loray
5 Aamon	14 Valefar
6 Barbatos	15 Forau
7 Buer	16 Ayperos
8 Gusoyn	17 Nuberus
9 Botis	18 Glasyabolas

Après vous avoir indiqué les noms des dix-huit esprits ci-devant, qui sont inférieurs aux six premiers que j'ai décrits aussi ci-devant, il est bon de vous prévenir de ce qui suit :

Savoir:

Que LUCIFUGE commande sur les trois premiers, qui se nomment Baël, Agares et Marbas;

SATANACHIA, sur Pruslas, Aamon et Barbatos;

AGALIAREPT, sur Buer, Gusoyn et Botis;

FLEURETY, sur Bathim, Pursan et Abigar;

SARGATANAS, sur Loray, Valefar et Forau;

NEBIROS, sur Ayperos, Nuberus et Glasyabolas.

Et quoiqu'il y ait encore des millions d'esprits, qui sont tous subordonnés à ceux nommés ci-devant, il est très inutile de les nommer, à cause que l'on ne s'en sert que quand il plaît aux esprits supérieurs de les faire travailler à leur place, parce qu'ils se servent de tous ces esprits inférieurs comme s'ils étaient leurs ouvriers ou leurs esclaves; ainsi, en faisant le pacte avec un des six principaux dont vous avez besoin, il n'importe quel esprit vous serve; néammoins, demandez toujours à l'esprit avec lequel vous faites votre pacte, que ce soit un des trois principaux qui lui sont subordonnés qui vous serve.

Voici précisément les puissances, sciences, arts, et talents des esprits surnommés, afin que celui qui veut faire un pacte puisse trouver dans chacun des talents des six esprits supérieurs ce dont il aura besoin.

Le premier est le grand LUCIFUGE ROFOCALE, premier ministre infernal; il a la puissance que LUCIFER lui a donnée sur toutes les richesses et sur tous les trésors du monde. Il a sous lui Baël, Agares et Marbas, et plusieurs autres milliers de démons ou d'esprits qui lui sont tous subordonnés.

Le second est le grand SATANACHIA, grand général; il a la

puissance de soumettre à lui toutes les femmes et toutes les filles, et d'en faire ce qu'il souhaite. Il commande la grande légion des esprits : il a sous lui Pruslas, Aamon et Barbatos, etc.

AGALIAREPT, aussi général, a la puissance de découvrir les secrets les plus cachés dans toutes les cours et dans tous les cabinets du monde; il dévoile aussi les plus grands mystères; il commande la seconde légion des esprits : il a sous lui Buer, Gusoan et Botis, etc, etc.

FLEURETY, lieutenant-général, a la puissance de faire tel ouvrage que l'on souhaite pendant la nuit : il fait aussi tomber la grêle partout où il veut. Il cmmande un corps très-considérable d'esprits : il a sous lui Bathim, Pursan et Abigar.

SARGATANAS, brigadier, a la puissance de vous rendre invisible, de vous transporter partout, d'ouvrir toutes les serrures, de vous faire voir tout ce qui se passe dans les maisons, de vous faire apprendre tous les tours et finesses des bergers; il commande plusieurs brigades d'esprits. Il a sous lui Loray, Valefar et Forau.

NEBIROS, maréchal-de-camp et inspecteur général, a la puissance de donner du mal à qui il veut; il fait trouver la main de gloire; il enseigne toutes les qualités des métaux, des minéraux, des végétaux et de tous les animaux purs et impurs : c'est lui qui a aussi l'art de prédire l'avenir, étant un des plus grands nécromanciens de tous les esprits infernaux : il va partout; il a inspection sur toutes les malices infernales; il a sous lui Ayperos, Nuberus, et Glasyabolas, etc.

AVERTISSEMENT

Quand vous voudrez faire votre

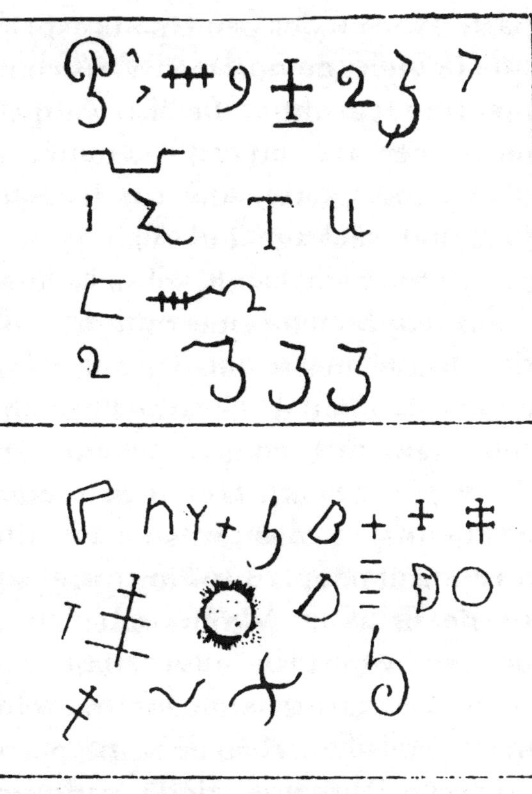
Agnus Dei q. t. p. m. m

pacte avec un des principaux esprits que je viens de nommer, vous commencerez l'avant-veille du pacte d'aller couper, avec un couteau neuf qui n'ait jamais servi, une baguette de noisetier sauvage qui n'ait jamais porté et qui soit semblable à la *verge foudroyante*, telle que celle qui est déjà décrite, positivement au moment où le soleil paraît sur notre horizon : cela étant fait, vous vous munirez d'une pierre *ématille* et de deux cierges bénits, et vous choisirez ensuite un endroit pour l'éxécution : que personne ne vous incommode. Vous pouvez même faire le pacte dans une chambre écartée, ou dans quelque masure de vieux château ruiné, parce que l'esprit a le pouvoir d'y transporter tel trésor qui lui plaît. Cela étant fait, vous tracerez un triangle avec votre pierre ématille, et cela seulement la première fois que vous faites

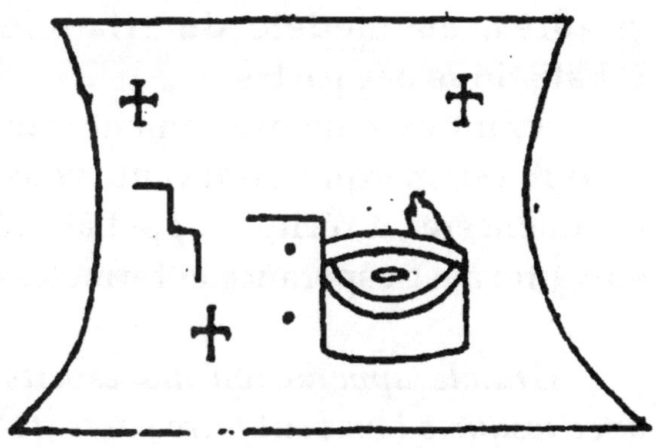

le pacte : ensuite vous placerez les deux cierges bénits à côté et tels qu'ils sont placés vers le triangle des pactes que vous voyez ci-dessus, y placant le S.N. de Jésus derrière, afin que les esprits ne vous puissent faire aucun mal : ensuite, vous vous placerez au milieu dudit triangle, ayant en main la baguette mystérieuse, avec la grande appellation à l'esprit, la clavicule, la demande que vous voulez faire à l'esprit, avec le pacte et le renvoi de l'esprit, tel qu'il est marqué ci-après, au modèle du triangle cabalistique des pactes.

Ayant éxécuté exactement tout ce qui est marqué ci-devant, vous commencerez à réciter l'appellation suivante avec espérance et fermeté.

Grande appellation des esprits avec lesquels l'on veut faire pacte, tirée de la grande clavicule.

Empereur LUCIFER, maître de tous les esprits rebelles, je te prie de m'être favorable dans l'appellation que je fais à ton grand ministre LUCIFUGE ROFOCALE, ayant envie de faire pacte avec lui; je te prie aussi, prince Belzébut, de me protéger dans mon entreprise. O comte Astarot ! sois-moi propice, et fais que dans cette nuit le grand LUCIFUGE m'apparaisse sous une forme humaine, et sans aucune mauvaise odeur, et qu'il maccorde par le moyen du pacte que je vais lui présenter, toutes les richesses dont j'ai besoin. O grand *Lucigugé,* je te prie de quitter la demeure, dans quelque partie du monde qu'elle soit, pour venir me parler, sinon je t'y contraindrai par la force du grand Dieu vivant, de son cher fils et du Saint-Esprit; obéis promptement, ou tu vas être éternellement tourmenté par la force des puissantes paroles de la grande clavicule de Salomon, et dont il se servait pour obliger les esprits rebelles à recevoir son pacte : ainsi parais au plus tôt, ou je te vais continuellement tourmenter par la force de ces puissantes paroles de la clavicule, *Agion, Tetagram, vaiycheon stimulamaton yezpares retragrammaton oryoram irion esytion existion eryona onera brasim moym messias soler Emanuel Sabaoth Adonay, te adoro et invoco.*

Vous êtes sûr que d'abord que vous aurez lu les puissantes paroles indiquées ci-dessus, que l'esprit paraîtra, et vous dira ce qui suit :

Apparition de l'esprit.

Me voici : que me demandes-tu? pourquoi troubles-tu mon repos ? réponds-moi.

LUCIFUGE ROFOCALE.

Demande à l'esprit.

Je te demande pour faire pacte avec toi, et enfin que tu m'enrichisses au plus tôt, sinon je te tourmenterai par les puissantes paroles de la clavicule. N.N.

Réponse de l'esprit.

Je ne puis t'accorder ta demande

qu'à condition que tu te donnes à moi dans vingt ans, pour faire de ton corps et de ton âme ce qu'il me plaira.

LUCIFUGE ROFOCALE

Alors vous lui jetterez votre pacte, qui doit être écrit de votre propre main, sur un petit morceau de parchemin vierge, qui consiste à ce peu de mots ci-après, en y mettant votre signature avec votre véritable sang.

Voici le PACTE.

Je promets au grand Lucifagé de le récompenser dans vingt ans de tous les trésors qu'il me donnera. En foi de quoi je me suis signé.

N. N.

Je ne puis t'accorder ta demande.

LUCIFUGE ROFOCALE.

Alors, pour forcer l'esprit à vous obéir, vous relirez la grande interpellation avec les terribles paroles de la clavicule, jusqu'à ce que l'esprit reparaisse et vous dise ce qui suit :

Seconde apparition de l'esprit.

Pourquoi me tourmentes-tu davantage ? Si tu me laisses en repos je te donnerai le plus prochain trésor, à condition que tu me consacreras une pièce tous les premiers lundis de chaque mois, et que tu ne m'appelleras qu'un jour de chaque semaine, savoir : depuis les dix heures du soir jusqu'à deux heures après minuit. Ramasse ton pacte, je l'ai signé; et si tu ne tiens pas ta parole, tu seras à moi dans vingt ans.

Réponse de l'esprit.

J'acquiesce à ta demande, à condition que tu me feras paraître le plus prochain trésor que je pourrai emporter tout de suite.

N.N.

Réponse de l'esprit.

Suis-moi et prends le trésor que je vais te montrer.

Alors vous suivrez l'esprit par la route du trésor qui est indiquée au triangle des pactes, sans vous épouvanter, et jetterez votre pacte tout signé sur le trésor, en le touchant avec votre baguette; vous en prendrez tant que vous pourrez, et vous vous retournerez dans le triangle, en marchant à reculons; vous y poserez votre trésor devant vous et vous commencerez tout de suite à lire le renvoi de l'esprit, tel qu'il est marqué ci-après.

Conjuration et renvoi de l'esprit avec lequel on a fait un pacte.

O grand Lucifigé ! je suis content de toi pour le présent; je te laisse en repos et te permets de te retirer où bon te semblera, sans faire aucun bruit ni laisser aucune mauvaise odeur. Pense aussi à ton engagement de mon pacte, car si tu y manques d'un instant, tu peux être sûr que je te tourmenterai éternellement avec les grandes et puissantes paroles de la clavicule du grand roi Salomon, par lequel l'on force tous les esprits rebelles d'obéir.

Prière au Tout-Puissant en forme d'action de grâces.

Dieu Tout-Puissant, père céleste, qui as créé toutes choses pour le service et l'utilité des hommes, je te rends de très-humble actions de grâces de ce que par ta grande bonté tu as permis que sans risque je puisse faire pacte avec un de tes esprits rebelles, et le soumettre à me donner tout ce dont je pourrai avoir besoin. Je te remercie, ô Dieu Tout-Puissant, du bien dont tu m'as comblé cette nuit : daigne accorder à moi, chétive créature, tes précieuses faveurs : c'est à présent, ô grand Dieu ! que j'ai connu toute la force et la puissance de tes grandes promesses, lorsque tu nous as dit : cherchez et vous trouverez; frappez et l'on vous ouvrira; et comme tu nous as ordonné et recommandé de soulager les pauvres, daigne, grand Dieu, m'inspirer de véritables sentiments de charité, et fais que je puisse répandre sur une autre sainte oeuvre une grande partie des biens dont la grande divinité a bien voulu que je fusse comblé : fais, ô grand Dieu ! que je jouisse avec tranquillité de ces grandes richesses dont je suis possesseur: et ne permets pas qu'aucun esprit rebelle me nuise dans la jouissance des précieux trésors dont tu viens de permettre que je sois le maître. Inspirez-moi aussi, ô grand Dieu ! les sentiments nécessaires pour pouvoir me dégager des griffes du démon et de tous les esprits malins. Je me mets, grand Dieu le Père, Dieu le Fils et le Saint-Esprit, en votre sainte protection.

Amen.

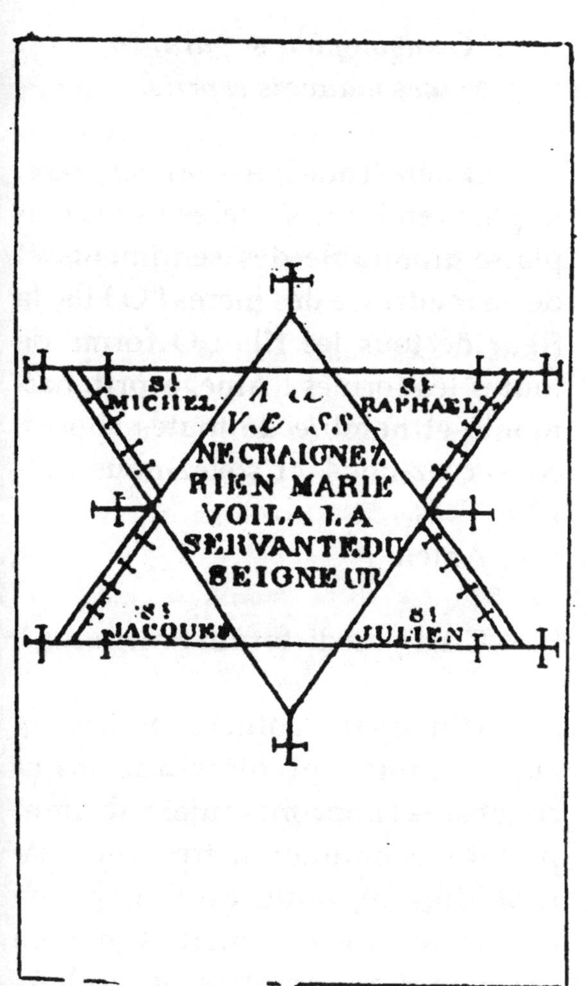
St MICHEL
St RAPHAEL
NE CRAIGNEZ
RIEN MARIE
VOILA LA
SERVANTE DU
SEIGNEUR
St JACQUES
St JULIEN

Oraison pour se garantir des mauvais esprits.

O père Tout-Puissant ! O Mère, la plus tendre des Mères ! O exemplaire admirable des sentiments et de la tendresse des mères ! O Fils, la fleur de tous les fils ! O forme de toutes les formes ! Ame, esprit, harmonie et nombre de toutes choses, conservez-nous, et soyez-nous propice.

Amen.

Citat praedictorum Spirituum.

Ubi quem volueris Spiritum, cujus nomen et officium supra cognosces : imprimis autem ab omni pollutione minimùm tres vel quatuor dies mundus esto in primâ citatione, sic et spiritus postèa obsequentiores erunt : fac et circulum, et voca spiritum cum multâ intentione, primùm vero annulum in manu continetur : indè, hanc recitato benedictionem, tuo nomine et socii, si praesto fueris, et affectum tui instituti sortieris, nec detrimentum à spiritibus sancies : imo tuae animae perditionem.

§ 2. In nomine Domini nostri Jesu Christi, Patris et Filii et Spiritûs Sancti, sancta trinitas et inseparabilis unitas te invoco, ut sis mihi salus et defensio, et protectio corporis et animae meae, et omnium rerum mearum. Per virtutem sanctae crucis et per virtutem passionis tuae deprecor te, Domine Jesu Christe, per merita beatissimae Mariae Virginis et matris tuae atque omnium sanctorum tuorum, ut mihi concedas gratiam et postatem divinam super omnes malignos spiritus, ut quocumque nominibus invocavero, statim ex omne parte conveniant, et voluntatem meam perfectè adimpleant quod mihi nihil nocentes neque timorem inferentes, sed potiùs obedientes, et ministrantes, tuâ districtè, virtute praecipientes, mandata mea perficient. Amen. Sanctus, sanctus Dominus Deus sabaoth, qui venturus est judicare vivos et mortuos : tu es A et *a* primus et novissimus, rex regnum et dominus dominantium. *Joth, Aglanabrath El Abiel anathi Enatiel Amazin sedames hayes tolima Elias ischiros arganatos ymas heli Messias,* per haec tua S. nomina, et per omnia alia invoco te et obsecro te, Domine, Jesu Christe, per tuam nativitatem, per baptismum tuum, per passionem et crucem tuam, per ascensionem tuam, per adventum Spiritus Sancti paracleti, per amaritudinem animae tuae quando exivit de corpore tuo per quinque vulnera tua, per sanguinem et aquam quae exierunt de corpore tuo, per sacramentum quod dedisti discipulis tuis pridiè quam passus fuisti per sanctam Trinitatem, per individuam unitatem, ber beatam Mariam matrem tuam, per Angelos et Archang., per prophetas et patriarchas et per omnes sanctos tuos : et per omnia sacramenta quae fiunt in honore tuo : Adoro te, et obsecro te, benedicto tibi et rogo, ut accipias orationes has et conjurationes et verba oris mei, quibus uti voluero. Peto, Domine Jesu Christe, da mihi virtutem et potestatem tuam super omnes Angelos tuos qui de coelo ejecti sunt ad decipiendum genus humanum, ad attrahendum eos, ad constrigandum eos coram me, et ad praecipiendum eis ut omnia, quae possunt, faciant et verba mea vocemque meam nullo modo contemnant : sed mihi et dictis meis obediant, et me timeant; per humanitatem et misericordiam et gratiam tuam deprecor et peto *Adonay amay horta videgoram, mitey hel surana y syon y svesy*, et per omnia nomina tua sancta, per omnes sanctos et sanctos tuos, per Angelos et Archangelos, Potestates, Dominationes et Virtutes, et per illud nomen per quod Salomon constringebat daemones, et conclusit ipso *Elh rocebem her agle gothjoth othie venochnabrat*, et per omnia sacra nomina quae scripta sunt in hoc libro, et per virtutem eorumdem, quatenus me potentem facias, congregare, constringere omnes tuos sipritus de coelo depulsos ut mihi veraciter de omnibus meis interrogatis, de quibus quaeram, responsionem veracem tribuant, et omnibus meis mandatis illis satisfaciant, sine laesione corporis et animae meae et omnium ad me pertinentium, per Dominum nostrum Jesum Christum filium tuum, qui tecum vivit et regnat in unitate Spiritûs Sancti Deus, per omnia Saecula.

§3. O Pater omnipotens ! ô Fili sapiens ! ô Spiritus Sancte ! corda hominium illustrans, ô vos tres in personis, una vero deitas in subtantia, qui Adami et Evae in peccatis corum pepercisti, et propter eorum peccata morte subjecti, tuum filium turpissima, in lignoque sanctae crucis sustinuisti; ô misericordissime, quando tuam confugio misericordiam, et supplico modis omnibus quibus possum, per haec nomina sancta tua filii, scicilet A et *v* et per omnia alia sua nomina, quatenus concedas mihi virtutem et potestatem tuam, ut valeam tuos spiritus qui de coelo ejecti sunt ante me citare, et ut ipsi mecum loquantur, et mandata mea perficiant statim et sine mora cum eorum voluntate, sine omni laesione corporis, animae et bonorum meorum, etc. Continua ut libro Annuli Salomonis continetur.

§4. O summa et oeterna virtus Altissimi, quae, te disponente, his judicio vocatis "voycheon stimulaton ezphares tetragramaton ilioram rion esytio existioneriona onera brasym moyn messias sodxer, Emmanuel, Sabaoth, Adonay" te adoro, te invoco, totiusmentis, viribus meis imploro, quatenus per te praesentes orationes et consecrationes et conjurationes consecrantur; videlicet, et ubicumque maligni spiritus in virtute tuorum nominum sunt vocati, et omni parte conveniant, et voluntatem meam exorcismis diligenter adimpleant, fiat, fiat, fiat

TABLE
des jours heureux et malheureux.

JOURS HEUREUX.	MOIS.	JOURS MALHEUREUX.
le 3. 10 27. 31.	*Janvier.*	le 13. et le 23.
le 7, 8 et 18.	*Février.*	2. 10, 17. et 22.
3. 9. 12, 14 16.	*Mars.*	13. 19. 23. 28:
5. — et le 17.—	*Avril.*	18. 20. 29. 30.
1. 2 4. 6. 9. 14	*Mai.*	10. 17. et le 20.
3. 5. 7. 9 12. 23.	*Juin.*	le 4. et le 20.
2. 6. 10. 23. 30.	*Juillet.*	le 5. 13. et 27.
5. 7. 10. 14 29.	*Août.*	2. 13. 27 et 31.
6. 10. 13. 18. 30.	*Septem.*	13. 16. 18. 16.
13. 16. 25. 31.	*Octob.*	le 3. 9. et le 27.
1. 13. 23. 30.	*Novem.*	le 6. et le 23.
le 10. 20. le 29	*Décem.*	le 15. 26. et 31.

REMARQUE.

Plusieurs savans prétendent que cette Table fut donnée à Adam par un Ange ; aussi était-ce la règle de sa conduite ; il ne semait, ni ne transplantait rien que dans les jours heureux, et que tout lui arrivait à bon port ; si nos cultivateurs suivaient ses traces, l'abondance comblerait nos vœux.

SECRETS

DE L'ART MAGIQUE.

DU GRAND GRIMOIRE

Composition de mort, ou la pierre philosophale.

Prenez un pot de terre neuf, mettez-y une livre de cuivre rouge avec une demi-chopine d'eau forte, que vous ferez bouillir pendant une demi-heure : après quoi vous y mettrez trois onces de vert-de-gris que vous ferez bouillir une heure; puis vous mettrez deux onces et demie d'arsenic que vous ferez bouillir une heure; vous y mettrez trois onces d'écorce de chêne, bien pulvérisée, que vous laisserez bouillir une demi-heure, une potée d'eau rose bouillie douze minutes, trois onces de noir de fumée que vous laisserez bouillir jusqu'à ce que la composition soit bonne; pour voir si elle est assez cuite, il faut tremper un clou : si elle y prend, ôtez-là; elle vous procurera une livre et demie de bon or; et si elle n'y prend point, c'est une preuve qu'elle n'est pas assez cuite; la liqueur peut servir quatre fois. Il faut délivrer 4 Esc.

Pour faire la baguette divinatoire et la faire tourner.

Dès le moment que le soleil paraît sur l'horizon, vous prenez de la main gauche une baguette vierge de noisetier sauvage et la coupez de la droite en trois coups, en disant : "Je te ramasse au nom d'Eloim, Mutrathon, Adonay et Semiphoras, afin que tu aies la vertu de la verge de Moïse et de Jacob, pour découvrir tout ce que je voudrai savoir"; et pour la faire tourner, il faut dire, la tenant serrée dans ses mains par les deux bouts qui font la fourche : "Je te recommande au nom d'Eloim, Matrathon, Adonay et Semiphoras de me relever."

Pour gagner toutes les fois qu'on met aux loteries

Il faut, avant de se coucher, réciter trois fois cette oraison, après quoi vous la metterez sous l'oreiller, écrite sur du parchemin vierge, sur lequel vous aurez fait dire une messe du St-Esprit, et pendant le sommeil le génie de votre Planète vient vous dire l'heure à laquelle vous devez prendre votre billet.

ORAISON

Domine Jesu Christe, qui dixisti

ego sum via, veritas et vita, ecce enim veritatem dilexisti, incerta et occulta sapientiae tuae manisfestasti mihi, adhuc quae reveles in hac nocte sicut ita revelatum fuit parvulis solis, incognita et ventura unaque alia me doceas, ut possim monia cognoscere, si et si sit; ita monstra mihi montem ornatum omni nivo bono, pulchrum et gratum pomarium, aut quandam rem gratam, sin autem ministra mihi ignem ardentem, vel aquarum currentem vel aliam quamcumque rem quae Domino placeat, et vel Angelli Ariel, Rubiel le Barachiel sitis mihi multum amatores et factores ad opus istud obtinendum quod cupioscire, videre cognoscere et praevidere per illum Deum qui venturus est judicare vivos et mortuos, et saeculum per ignem. Amen. Vous direz trois Pater et trois Ave Maria pour les âmes du purgatoire.

Pour charmer les armes à feu.

Il faut dire : Dieu y ait part et le diable la sortie, et lorsqu'on met en joue, il faut dire ,en croisant la jambe gauche sur la droite : non tradas Dominum nostrum Jesum Christum. Mathon.

Amen.

Pour parler aux esprits la veille de la St-Jean Baptiste.

Il faut se transporter depuis les onze heures jusqu'à minuit près d'un pied de fougère, et dire : Je prie Dieu que les esprits à qui je souhaite parler apparaissent à minuit précis; et aux trois-quarts vous direz neuf fois ces cinq paroles : Bar, Kirabar, Alli, Alla Tetragamaton.

Pour se faire aimer de telle

fille ou femme que vous voudrez.

Il faut dire en ramassant l'herbe des neuf chemises, dite *concordia* : Je te ramasse au nom de *Scheva* pour que tu me serves à m'attacher l'amitié de (nommer la personne), et ensuite vous mettrez ladite herbe sur la personne, sans qu'elle le sache ni qu'elle s'en aperçoive, et aussitôt elle vous aimera.

Pour faire danser tout nu.

Il faut ramasser la veille de la St-Jean Baptiste, à minuit, trois feuilles de noyer, trois plantes de marjolaine, trois plantes de mirthe et trois plantes de verveine, faire sécher le tout à l'ombre, le mettre en poudre et en jeter comme une pincée de tabac en l'air dans la chambre où sont les personnes que l'on veut jouer.

Pour se rendre invisible.

Vous volerez un chat noir, et achéterez un pot neuf, un miroir, un briquet, une pierre d'agathe, du charbon et de l'amadou, observant d'aller prendre de l'eau au coup de minuit à une fontaine, après quoi vous allumez votre feu, mettez le chat dans le pot, et tenez le couvert de la main gauche sans bouger ni regarder derrière vous, quelque bruit que vous entendiez; et après l'avoir fait bouillir 24 heures vous le mettez dans un plat neuf; prenez la viande et la jetez pardessus l'épaule gauche, en disant ces paroles : *accipe quod tibi do, et nihil ampliùs*; puis vous mettrez les os un à un sous les dents du côté gauche, en vous regardant dans le miroir; et si ce n'est pas le bon, vous le jetterez de même, en disant les paroles jusqu'à ce que vous l'ayez trouvé; et sitôt que

que vous ne vous verrez plus dans le miroir, retirez-vous à reculons en disant : *Pater, in manus tuas commendo spiritum meum.*

Pour faire la jarretière de sept lieues par heure.

Vous achèterez un jeune loup au-dessous d'un an, que vous égorgerez avec un couteau neuf, à l'heure de Mars, en prononçant ces paroles : Adhumalis cades ambuavit in fortitudine cibi illius; puis vous couperez sa peau en jarretières larges d'un pouce, et y écrirez dessus les mêmes paroles que vous avez dites en l'égorgeant, savoir, la première lettre de votre sang, la seconde de celui du loup, et immédiatement de même jusqu'à la fin de la phrase.

Après qu'elle est écrite et sèche, il faut la doubler avec un padoue de fil blan, et attacher deux rubans violets aux deux bouts pour la nouer du dessus du genoux au-dessous ; il faut aussi bien prendre garde qu'aucune femme ou fille ne la voie point : comme aussi la quitter avant de passer une rivière, sans quoi elle ne serait plus si forte.

Composition de l'emplâtre pour faire dix lieues par heure.

Prenez deux onces de graisse humaine,

Une once d'huile de cerf,

Une once d'huile de laurier,

Un once de graisse de cerf,

Une once de momie naturelle,

Une demi-chopine d'esprit de vin,

Et sept feuilles de verveine.

Vous ferez bouillir le tout dans un pot neuf, jusqu'à demi-réduction, puis en formez les emplâtres sur de la peau neuve, et lorsque vous les appliquez sur la rate, vous allez comme le vent; pour n'être point malade quand vous le quittez, il faut prendre trois gouttes de sang dans un verre de vin blanc.

Composition de l'encre pour écrire les pactes.

Les pactes ne doivent point être écrits avec l'encre ordinaire. Chaque fois qu'on fait une appellation à l'esprit, on doit en changer. Mettez dans un pot de terre vernissé neuf, de l'eau de rivière et la poudre décrite ci-après. Alors prenez des branches de fougère cueillies la veille de la Saint-Jean, du sarment coupé en pleine lune de Mars; allumez ce bois avec du papier vierge, et dès que votre eau bouillera, votre encre sera faite. Observez bien d'en changer à chaque écriture nouvelle que vous aurez à faire.

Prenez dix onces de noix de galle, et trois onces de vitriol romain, ou couperose verte, d'alun de roche ou de gomme arabique, deux onces de chaque; mettez le tout en poudre impalpable, dont, lorsque vous voudrez faire de l'encre, vous préparerez comme il est dit ci-dessus.

Encre pour noter les sommes qu'on prendra dans les Trésors cachés, et pour en demander de plus fortes à Lucifugé, dans les nouveaux besoins.

Prenez des noyaux de pèches, sans en ôter les amandes, mettez-les dans le feu pour les réduire en charbons bien brûlés, alors retirez-les, et lorsqu'ils sont bien noirs, prenez-en une partie que vous mêlerez avec autant de noir de fumée, ajoutez-y deux parties de noix de galle concassées; faites dans l'huile desséchée, de gomme arabique quatre parties; que le tout soit mis en poudre très fine, et passé par le tamis. Mettez cette poudre dans de l'eau de rivière.

Il est inutile de faire remarquer que tous les objets décrits ci-dessus doivent être absolument neufs.

En quels temps les arts se doivent accomplir et perfectionner.

Nous dirons en quels jour et heure les choses se doivent perfectionner; quoiqu'elles ne soient notées d'aucuns jour et heure, tu opéreras dans les jours et heure de ♄ , et l'heure sera la première ou la huitième, quoique cela, il vaudrait mieux dans la quinzième ou vingt-deuxième de la même nuit, laquelle on appelle avant matin; lors en cette heure-là tu pourras expérimenter tous les arts et expériences du même genre comme ci-dessus, soit pour le jour ou la nuit, pourvu que les choses soient préparées à l'heure désignée au chapitre deux ci-dessus, pour de semblables expériences.

Mais quant aux expériences particulières, l'heure et le temps de la conjuration ne se spécifient pas; le plus sûr est de la faire de nuit, à cause du silence qui règne la nuit, pourtant on doit observer inviolablement que certaine qualité de jour est également bonne. Mais l'endroit principal et important pour la faire, c'est un lieu obscur, congru à semblable art, où personne n'habite, comme il sera dit plus au long dans son lieu, ainsi on pourra accomplir tel art et le conduire à effet.

Mais si tel art et expérience sont

pour avoir la connaissance d'un vol, qu'il soit fait d'une manière quelconque, alors si les choses préparées ou ordonnées, on doit les faire en l'heure de la ☽ et de son jour, s'il est possible, en ☽ croissante, depuis la première heure du jour jusqu'à la huitième du même jour, ou bien à dix heures de nuit, mais il est mieux de jour que de nuit, parce que la lumière a plus de rapport au désir, et elle favorise l'inclination et la volonté de faire en toutes les oeuvres magiques, car elles ont si grande vertu, qu'elles suppléent souvent au défaut de ceux qui ont accoutumé de tomber dans les ouvrages, surtout l'observation des heures et planètes est de très grande conséquence si vous voulez réussir : il est de très grande conséquence de choisir un temps clair et sans vents.

Il est vrai que les anges ont été

créés de diverses natures, les uns ayant été de beauté et de froid, les autres de mouvement et de feu, et les autres de vent : ceux qui ont été faits de vent, apparaissent avec une grande vitesse, ressemblant aux vents : ceux qui ont été créés de beauté, apparaissent en belle forme : ceux qui ont été créés de mouvement de feu, viendront avec une grande impétuosité, mouvement de terre en forme de feu, de manière que la présence de chacun ressemblera aux flammes de feu, et quand tu appelleras les êtres créés de l'eau, ils viendront avec une grande pluie, tonnerre et choses semblables, et lorsque ce sera ceux créés de l'air, ils viendront en espèce de vent doux.

Nota. Tu ne dois avoir aucune crainte dans l'appel que tu feras, parce que la crainte chasse la Foi, et Foi blessée empêche la réussite des choses qui seront dites ci-après. Le plus tu dois observer que les intelligences aériennes se doivent appeler dans un temps clair, serein, doux et tranquille. Celles des souterrains, dans un temps nocturne ou bien dans un jour nébuleux, depuis midi jusqu'au coucher du soleil; les esprits ignés habitent en Orient, les aquatiques dans le midi, les bruyants dans le septentrion : et surtout prends garde qu'il faut toujours, pour plus grande sûreté, que si l'on invoque les esprits créés de feu, on doit être tourné du côté d'Orient, en faisant toutes les choses nécessaires pour ce côté, et ainsi des autres esprits, dans les différentes parties du monde. Les expériences extraordinaires, savoir : celles d'amour, de grâce et d'imprécation seront plus efficaces, étant préparées du côté du Septentrion : de plus, tu dois observer que toutes les fois que tu feras une expérience, sans l'heure ou bien la solennité prescrite, tu ne feras rien. Mais si tu prépares et accomplis les choses directement, tu en recevras l'effet, et si elles ne se succèdent pas, apprends que l'expérience sera fausse ou que tu auras manqué à quelque chose. Alors, pour l'accomplir, il faut refaire de nouveau, et tu dois savoir de combien de chapitres elle dépend, et que la clé de tous les arts dépend de son intelligence, sans quoi tu ne feras jamais rien.

Les heures de ♈ sont propres à préparer comme de ♂, dans leurs jours dans lesquels ils se conjoignent avec la ☽, ou bien avec les mêmes. Et si tu as le regard de contraire ou de quadrat, elles sont bonnes pour faire les expériences de haines, de procès, inimitiés et discordes, ajoutant de plus les choses que nous dirons ci-après sur semblables matières.

Les heures du ☉ , de Jupiter ♃

et de ☿, spécialement l'heure de leur planète, sont bonnes à éprouver toutes les expériences, tant ordinaires qu'extraordinaires, lesquelles ne sont point comprises dans ancun genre ci-dessus marqué, joignant celles que nous dirons dans leur propre chapitre, comme celles qui appartiennent à la ☽, sont propres à la convocation des esprits, des ouvrages nécromanciens, comme pour trouver les choses dérobées, en prenant garde que la☾ soit colloquée et en signe terrestre, c'est-à-dire de Mercure ☿, pour les amours, grâces et invisibilités; la ☾ doit être en signe de feu ♌♈ pour la haine et discorde; la lune doit être en signe aquatique, pour les expériences extraordinaires; la lune doit être dans les signes ♎ ♑ ♒ , après la conjonction et sortie du ☉ et de ses rayons, et aussitôt qu'elle commence à paraître; mais si l'observation des choses ci-dessus te paraît si difficile, fais seulement ceci : observe la ☽ croissante jusqu'à son complément, qu'elle est au nombre pair avec le☉ elle est très bonne pour faire les choses ci-dessus. La ∈ étant opposée au ☉ et pleine de lumière, est bonne pour faire les expériences de guerre, bruits et discordes, et quand elle est à son dernier quartier, elle est bonne pour faire les choses directes qui sont à la destruction et ruine. La ∋ tenant de nouveau à la convention ou recevant ses derniers rayons, est bonne pour faire l'expérience de la mort, parce que, dans ce temps-là, elle est privée de lumière.

De plus, observez inviolablement que la☽ étant conjointe avec le Ⓣ rien ne doit être commencé, parce que ce temps-là est très malheureux et que rien ne peut réussir. Mais que la ☽ étant au croissant et aigüe de lumière, tu pourras écrire, opérer et préparer toutes les expériences que tu voudras faire, principalemnet pour parler aux esprits; il faut que ce soit le jour de ♂ et à son heure, la ☉ étant au signe terrestre ou aéré comme il a été dit ci-dessus, et en pareil nombre avec le ☉.

Mais si ce sont choses et expériences d'amour, de grâce et impétration, tu opéreras de jour et heure du ☉ et, à savoir depuis la première jusqu'à la huitième, pourvu que les choses soient préparées et ordonnées selon les jours et heures convenant à cette expérience et de la manière qu'elle se puisse faire.

Les oeuvres de la destruction, haine et désolation se doivent faire dans le jour et heure de ♂ depuis la première heure ou huitième de la nuit, la quinzième ou vingt-deuxième, et ainsi elles seront véritables.

Mais les expériences burlesques et joyeuses se font dans la première heure de ♀ et de la huitième du jour, et pour la quinzième et vingt-deuxième.

Les expériences extraordinaires, de quelque nature qu'elles soient, doivent être préparées et accomplies dans les première et huitième heure de ♂ et de la quinzième et de la vingt-deuxième de toutes les heures dans lesquelles les arts magiques doivent être accomplis et expérimentés.

Il est nécessaire que la ☽ soit de lumière, éclaire et nombre avec le ☉ sous les rayons de soleil, c'est meilleur depuis le premier quartier jusqu'à ce qu'il soit à l'opposition, ainsi la ☽ étant en signe de feu et spécialement en LAVR.

Pour l'éxécution des expériences du vol, de quelque manière qu'elle se fasse, elle doit être perfectionnée quand la ☽ est manifestée et illuminée; mais afin que les expériences soient découvertes de l'invisibilité, les choses étant toutes préparées, que la ☉ soit en X à l'heure dans laquelle elle se perfectionne.

Les expériences de l'amour et de grâce de quelque condition qu'elles soient, pourvu que la ☉ soit comme dessus, en X, et que les choses soient préparées dans les heures compétentes, prenant garde que la ☉ soit dans le croissant, et encore plus qu'elle soit dans la Vierge.

Il faut opérer seulement avec grande Foi.

FIN.

Achevé d'imprimer en juin 2009
sur les presses de la Nouvelle Imprimerie Laballery
58500 Clamecy
Dépôt légal : juin 2009
Numéro d'impression : 905150

Imprimé en France

La Nouvelle Imprimerie Laballery est titulaire de la marque Imprim'Vert®